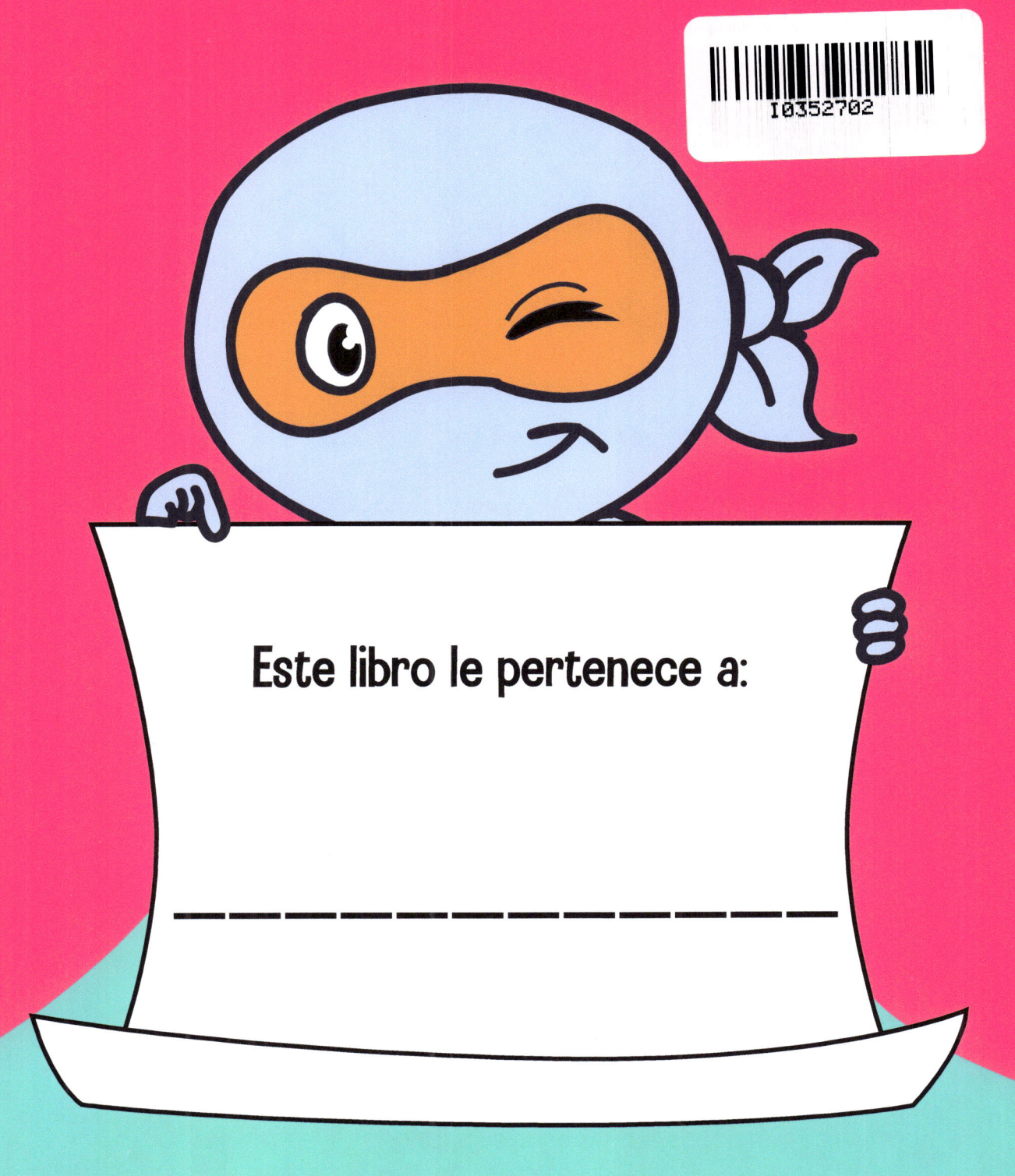

Este libro es dedicado a mis hijos- Mikey, Kobe y Jojo.

Copyright © Grow Grit Press LLC. Todos los derechos reservados. Ninguna parte de este libro puede ser reproducida en ninguna forma sin el permiso por escrito de la editorial. Por favor, envie solicitudes de pedido al por mayor a info@ninjalifehacks.tv Impreso y encuadernado en los Estados Unidos. NinjaLifeHacks.tv
Paperback ISBN: 978-1-63731-512-5 Hardcover ISBN: 978-1-63731-513-2

Ninja Life Hacks™

Me encanta darle tiempo de calidad, actos de servicio y afecto a mi familia y amigos. Tampoco me da vergüenza decir "te amo".

No hace mucho tiempo, no sabía lo que significaba el amor o cómo mostrarlo. Pensaba que el amor significaba solo besos.

¡El amor era repulsivo... uyy!

La primera casa en la que me detuve fue la del Ninja Compasivo.

Luego llamé a la casa de al lado.

Después de irme de la casa del Ninja Estresado, me encontré con el Ninja Tímido.

Todas las entrevistas me dieron hambre, así que fui al restaurante más cercano. Allí me encontré con unos ninjas, así que decidí preguntarles a ellos también.

El amor es cuando sales a comer y le das a alguien la mayoría de tus papas fritas sin esperar ningunas a cambio.

Después del almuerzo, continúe caminando por la calle un rato hasta llegar a la casa del Ninja Curioso.

Sé que mi hermano mayor me ama porque me da toda su ropa vieja y tiene que salir y comprar otras nuevas.

Cuando me iba, me encontré con el Ninja Enojado.
Ninja Enojado ¿Sabes lo que significa el amor?

Pensé en lo que había aprendido. ¡Había muchas maneras de mostrar amor y no solo significaba besarse!

Luego me topé con el Ninja Solitario.

El amor es cuando besas a una chica por primera vez y luego sabes que nunca te aburrirás de nuevo porque siempre puedes pensar en besarla.

El recordar todas las formas diferentes de amar podría ser tu arma secreta para mostrarles a tus seres queridos que te importan.

- Actos de servicio
- Afecto
- Palabras de amor
- Regalos
- Tiempo de calidad

¡Visita ninjalifehacks.tv para obtener imprimibles divertidos gratis!

@marynhin   @officialninjalifehacks
#NinjaLifeHacks

Mary Nhin   Ninja Life Hacks

Ninja Life Hacks

@officialninjalifehacks

Crédito a Gary Chapman y los *Cinco Idiomas del Amor.*

www.ingramcontent.com/pod-product-compliance
Lightning Source LLC
Chambersburg PA
CBHW041106070526
44583CB00002B/88